Les sportifs à l'école

Les enseignants et les élèves de l'école primaire Marcel Pagnol ont décidé d'organiser des rencontres sportives interclasses.

Toute l'école primaire a travaillé ensemble pour organiser le déroulement des épreuves. Ils prévoyaient cela depuis des mois et étaient désireux de débuter cet événement tant attendu.

Les élèves ont commencé à s'entraîner. Ils se préparaient aux compétitions. Le jour de l'événement, les élèves se sont rassemblés sur le terrain de sport de l'école en portant des tenues de sport assorties. Les enseignants ont annoncé le début de la rencontre.

Il y avait des compétitions de course, de saut en longueur, de lancer de javelot, des relais et même un marathon. Les élèves ont concouru avec passion et se sont encouragés mutuellement à donner le meilleur d'eux-mêmes.

Les parents étaient également présents pour encourager leurs enfants et d'autres élèves de l'école. Ils ont apporté des collations et des boissons pour tout le monde.

Finalement, tous les petits athlètes ont regroupé leur force pour courir un marathon final. Les encouragements du public et des enseignants ont propulsé les élèves vers la ligne d'arrivée.

Au bout du compte, cette rencontre sportive de l'école a été un grand succès. Les élèves et les enseignants ont travaillé ensemble pour réaliser un événement sportif incroyable. Non seulement cela a aidé les élèves à améliorer leurs compétences physiques, mais cela a également renforcé leur esprit d'équipe et leur camaraderie. C'est une tradition que l'école a décidé de continuer chaque année.

Les sportifs à l'école

Les enseignants et les élèves de l'école primaire Marcel Pagnol ont décidé d'organiser des rencontres sportives interclasses.

Toute l'école primaire a travaillé ensemble pour organiser le déroulement des épreuves. Ils prévoyaient cela depuis des mois et étaient désireux de débuter cet événement tant attendu.

Les élèves ont commencé à s'entraîner. Ils se préparaient aux compétitions. Le jour de l'événement, les élèves se sont rassemblés sur le terrain de sport de l'école en portant des tenues de sport assorties. Les enseignants ont annoncé le début de la rencontre.

Il y avait des compétitions de course, de saut en longueur, de lancer de javelot, des relais et même un marathon. Les élèves ont concouru avec passion et se sont encouragés mutuellement à donner le meilleur d'eux-mêmes.

Les parents étaient également présents pour encourager leurs enfants et d'autres élèves de l'école. Ils ont apporté des collations et des boissons pour tout le monde.

Finalement, tous les petits athlètes ont regroupé leur force pour courir un marathon final. Les encouragements du public et des enseignants ont propulsé les élèves vers la ligne d'arrivée.

Au bout du compte, cette rencontre sportive de l'école a été un grand succès. Les élèves et les enseignants ont travaillé ensemble pour réaliser un événement sportif incroyable.

Non seulement cela a aidé les élèves à améliorer leurs compétences physiques, mais cela a également renforcé leur esprit d'équipe et leur camaraderie.
C'est une tradition que l'école a décidé de continuer chaque année.

Les sportifs à l'école : questionnaire

1) Quel évènement se prépare d'après le texte ?

☐ un spectacle de danse   ☐ une exposition   ☐ une rencontre sportive

2) Quel est le nom de l'école?

☐ L'école maternelle Marcel Pagnol
☐ L'école primaire Marcel Pagnol
☐ L'école primaire Marcel Cerdan

3) Qui décide d'organiser cette rencontre sportive ?

☐ Les enseignants et les élèves de l'école
☐ Le directeur de l'école
☐ Les parents d'élèves

4) Colorie les activités sportives réalisées par les enfants ?

le saut en longueur	de la corde à sauter	des courses	du saut en longueur
un marathon	des relais	du vélo	du football

5) Qu'apportent les parents d'élèves ?

☐ de la boisson   ☐ des médailles   ☐ des collations

6) Sépare les mots d'un trait et réécris la phrase.

Lesélèvesontcommencéàs'entraîner.

_____

7) Quel(s) sport(s) aimes-tu pratiquer ?

J'aime pratiquer_____

5

Les sportifs à l'école : questionnaire

1) D'après le texte, quel évènement se prépare?

_____

2) Quel est le nom de l'école qui cette rencontre sportive ?

_____

_____

3) Qui décide de l'organiser?

_____

_____

4) Colorie les activités sportives réalisées par les enfants ?

le saut en longueur	de la corde à sauter	des courses	du saut en longueur
un marathon	des relais	du vélo	du football

5) Qu'apportent les parents d'élèves ?

_____

_____

6) Sépare les mots d'un trait et réécris la phrase.

Lesélèvesetlesenseignantsonttravailléensemblepourréaliserun
événementsportifincroyable**.**

_____

_____

7) Quel(s) sport(s) aimes-tu pratiquer ? Explique pourquoi ?

_____

_____

_____

_____

Tom déteste le sport

À l'âge de sept ans, Tom détestait le sport. Il n'avait aucun enthousiasme pour les activités physiques. Il préférait passer son temps libre à jouer à des jeux vidéo ou à regarder des émissions de télévision.

Sa mère, qui aimait beaucoup le sport, avait tenté de l'encourager à s'entraîner dès son plus jeune âge. Mais rien n'y faisait et cela commençait à susciter des inquiétudes quant à sa santé.

Un jour, en regardant l'album de famille Tom remarqua la photographie d'un sportif sur un podium brandissant sa médaille d'or.

« - Qui est ce champion ? » demanda Tom à sa maman.
« - C'est ton grand-père ! C'était un judoka professionnel. Il a gagné la médaille d'or aux championnats du monde en 1964 » répondit fièrement sa maman.

Tom était émerveillé par l'exploit de son grand-père. Cette découverte a aidé le garçon à réaliser que la pratique du sport ne consistait pas seulement à se dépenser physiquement, c'était également une question de force mentale et de succès personnel.

Depuis ce jour, Tom a commencé à s'intéresser aux activités sportives. Il s'est inscrit au judo car il rêvait d'être un champion comme son grand-père.
Jour après jour, Tom progressait et pris de plus en plus confiance en lui.

Il avait également commencé les compétitions. Parfois il gagnait, et d'autres fois il perdait. Il était surtout fier de s'améliorer et d'obtenir de nouvelles ceintures.
À mesure que Tom grandissait, il se fixait de nouveaux défis et en repoussant ses limites physiques. Il avait clairement compris que le sport n'était pas seulement bon pour la santé physique, mais qu'il était également un outil puissant pour donner le meilleur de soi-même.

Tom déteste le sport

À l'âge de sept ans, Tom détestait le sport. Il n'avait aucun enthousiasme pour les activités physiques. Il préférait passer son temps libre à jouer à des jeux vidéo ou à regarder des émissions de télévision.

Sa mère, qui aimait beaucoup le sport, avait tenté de l'encourager à s'entraîner dès son plus jeune âge. Mais rien n'y faisait et cela commençait à susciter des inquiétudes quant à sa santé.

Un jour, en regardant l'album de famille Tom remarqua la photographie d'un sportif sur un podium brandissant sa médaille d'or.

« - Qui est ce champion ? » demanda Tom à sa maman.

« - C'est ton grand-père ! C'était un judoka professionnel. Il a gagné la médaille d'or aux championnats du monde en 1964 » répondit fièrement sa maman.

Tom était émerveillé par l'exploit de son grand-père. Cette découverte a aidé le garçon à réaliser que la pratique du sport ne consistait pas seulement à se dépenser physiquement, c'était également une question de force mentale et de succès personnel.

Depuis ce jour, Tom a commencé à s'intéresser aux

activités sportives. Il s'est inscrit au judo car il rêvait d'être un champion comme son grand-père.

Jour après jour, Tom progressait et pris de plus en plus confiance en lui.

Il avait également commencé les compétitions. Parfois il gagnait, et d'autres fois il perdait. Il était surtout fier de s'améliorer et d'obtenir de nouvelles ceintures.

À mesure que Tom grandissait, il se fixait de nouveaux défis et en repoussant ses limites physiques.

Il avait clairement compris que le sport n'était pas seulement bon pour la santé physique, mais qu'il était également un outil puissant pour donner le meilleur de soi-même.

Tom déteste le sport : questionnaire

1) Tom n'aime pas :

☐ les jeux vidéo   ☐ faire du sport   ☐ lire

2) Que découvre le garçon à propos de son grand-père ?

☐ Son grand-père était un joueur de football professionnel.
☐ Son grand-père était un judoka professionnel.

3) Le grand-père de Tom a remporté :

☐ le championnat de France
☐ le championnat d'Europe
☐ le championnat d'Ile-de-France

4) Le grand-père de Tom a remporté la médaille d'or en 1964. Ecris ce nombre avec les mots suivants : *quatre, mille, cent, soixante, neuf*

1964 : _____

5) Comment se sent Tom en découvrant la photographie de son grand-père ?

☐ Il se sent triste.   ☐ Il est émerveillé.   ☐ Il se met en colère.

6) Quel est le rêve du jeune garçon ?

Le jeune garçon rêve _____

_____

7) Remets les mots dans l'ordre.

_____

| le | Tom | sport. | détestait |

Tom déteste le sport : questionnaire

1) Que fait Tom durant son temps libre ?

_____

_____

2) Que découvre le garçon à propos de son grand-père ?

_____

_____

3) En quelle année, le grand père de Tom gagne-t-il ?

_____

_____

4) Comment se sent Tom en découvrant la photographie de son grand-père ?

_____

_____

5) Quel est le rêve du jeune garçon ?

_____

_____

6) Remets les mots dans l'ordre et réécris la phrase.

_____

_____

| à | a | sportives. | s' | commencé | Tom | activités | intéresser | aux |

La course « à la paix »

Deux athlètes, l'une russe et l'autre ukrainienne, se sont retrouvées sur la ligne de départ d'un marathon de 25 kilomètres.
Malgré les récentes tensions entre la Russie et l'Ukraine, les deux femmes ont commencé la course avec un respect mutuel.

Au fil des kilomètres, elles ont appris à se connaître et ont commencé à discuter de leur passion pour les courses de fond et de leur amour pour la paix. Elles ont également partagé des histoires de famille et d'amis touchés par la guerre.

Pendant la course, les deux concurrentes ont continué à courir côte à côte, se soutenant mutuellement lorsque l'une d'elles commençait à ralentir.
Les spectateurs les encourageaient tout au long de leur course.

Vers la fin de l'épreuve, l'athlète Russe a commencé à souffrir de douleurs intenses et avait du mal à poursuivre la course. L'Ukrainienne n'a pas hésité à ralentir pour rester à ses côtés et l'a accompagnée en encourageant sa nouvelle amie jusqu'à la ligne d'arrivée.

À la fin de la course, elles se sont enlacées, les larmes aux yeux, partageant un moment de solidarité et de compréhension. Même si elles venaient de pays différents, elles avaient trouvé un moyen de se connecter à travers leur passion commune pour la course à pied et leur désir de paix.

Leur amitié a été un exemple pour les autres coureurs et pour tous ceux qui ont assisté à la course. Elles ont montré que, malgré les différences politiques et culturelles, nous pouvons tous nous rassembler pour célébrer l'humanité et notre désir commun de paix et de fraternité.

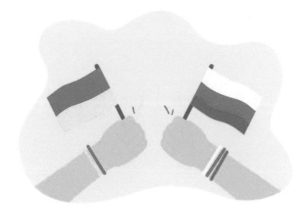

La course à « la paix »

Deux athlètes, l'une russe et l'autre ukrainienne, se sont retrouvées sur la ligne de départ d'un marathon de 25 kilomètres.

Malgré les récentes tensions entre la Russie et l'Ukraine, les deux femmes ont commencé la course avec un respect mutuel.

Au fil des kilomètres, elles ont appris à se connaître et ont commencé à discuter de leur passion pour les courses de fond et de leur amour pour la paix. Elles ont également partagé des histoires de famille et d'amis touchés par la guerre.

Pendant la course, les deux concurrentes ont continué à courir côte à côte, se soutenant mutuellement lorsque l'une d'elles commençait à ralentir. Les spectateurs les encourageaient tout au long de leur course.

Vers la fin de l'épreuve, l'athlète Russe a commencé à souffrir de douleurs intenses et avait du mal à poursuivre la course.
L'Ukrainienne n'a pas hésité à ralentir pour rester à ses côtés et l'a accompagnée en encourageant sa nouvelle amie jusqu'à la ligne d'arrivée.

À la fin de la course, elles se sont enlacées, les larmes aux yeux, partageant un moment de solidarité et de compréhension. Même si elles venaient de pays différents, elles avaient trouvé un moyen de se connecter à travers leur passion commune pour la course à pied et leur désir de paix.

Leur amitié a été un exemple pour les autres coureurs et pour tous ceux qui ont assisté à la course.

Elles ont montré que, malgré les différences politiques et culturelles, nous pouvons tous nous rassembler pour célébrer l'humanité et notre désir commun de paix et de fraternité.

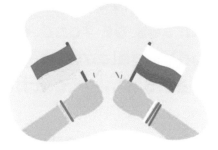

La course à « la paix » : questionnaire

1) De quels pays d'origine sont les deux athlètes :

☐ Ukraine   ☐ France   ☐ Russie

2) Quelle épreuve disputent les concurrentes ?

☐ Karaté   ☐ Marathon   ☐ Saut en longueur

3) Comment se déroule leur course ?

☐ La Russe court loin devant l'Ukrainienne.
☐ L'Ukrainienne court loin devant la Russe.
☐ L'Ukrainienne et la Russe courent côte à côte.

4) Colorie les affirmations vraies.

Les deux athlètes s'entraident.
La Russe gagne une médaille d'or.
Elles aimeraient que leur pays ne soit plus en guerre.
L'Ukrainienne a des douleurs, elle n'arrive pas à finir la course.
Elles étaient amies bien avant de se rencontrer lors de l'épreuve.
Une belle amitié nait entre les deux sportives lors de ce marathon.
L'Ukrainienne n'a pas hésité à ralentir pour rester aux côtés de la Russe.

5) Cherche dans la grille :

Humanité
Paix
Fraternité
Solidarité
Respect
Amitié
Russie
Ukraine

L	U	A	K	O	A	M	I	T	I	E
U	K	R	A	I	N	E	L	W	Y	K
B	C	A	A	K	S	N	E	J	X	N
F	I	E	Z	K	S	S	D	A	J	Y
N	S	P	A	I	X	V	S	X	R	X
S	O	L	I	D	A	R	I	T	E	N
X	R	U	S	S	I	E	I	W	M	G
R	E	S	P	E	C	T	K	E	O	V
N	Y	A	I	P	J	G	M	J	Z	X
G	B	H	U	M	A	N	I	T	E	C
D	F	R	A	T	E	R	N	I	T	E

15

La course à « la paix » : questionnaire

1) De quels pays d'origine sont les deux athlètes ?

_____

_____

2) Quelle épreuve disputent les concurrentes ?

_____

_____

3) Quelle est la relation entre les deux athlètes ?

_____

_____

4) Coche V lorsque l'affirmation est vraie et F lorsqu'elle est fausse.

	F	V
Les deux athlètes s'entraident.		
La Russe gagne une médaille d'or.		
Elles aimeraient que leur pays ne soit plus en guerre.		
L'Ukrainienne a des douleurs, elle n'arrive pas à finir la course.		
Elles étaient amies bien avant de se rencontrer lors de l'épreuve.		
Une belle amitié nait entre les deux sportives lors de ce marathon.		
L'Ukrainienne n'a pas hésité à ralentir pour rester aux côtés de la Russe.		

5) Cherche dans la grille :

Humanité
Paix
Fraternité
Solidarité
Respect
Amitié
Russie
Ukraine

M	F	X	P	G	J	M	Q	A	C	S
C	E	R	I	V	H	I	S	M	A	O
S	N	U	A	P	F	F	C	I	F	L
B	H	K	R	T	A	Q	K	T	C	I
J	U	R	E	J	E	I	X	I	B	D
V	M	A	S	Z	S	R	X	E	F	A
H	A	I	P	B	K	U	N	N	N	R
F	N	N	E	A	Q	S	M	I	U	I
Z	I	E	C	K	B	S	K	B	T	T
H	T	W	T	G	U	I	X	B	L	E
B	E	O	U	W	N	E	Q	V	K	T

16

Une grenouille athlétique

Une petite grenouille nommée Gustave avait un grand rêve : devenir un sportif de haut niveau. Depuis son plus jeune âge, il admirait les athlètes de toutes les disciplines.

Il savait que les grenouilles n'étaient pas autorisées à concourir aux championnats du monde, mais cela n'a pas empêché Gustave de s'entraîner dur et de se préparer pour sa propre compétition. Il sautait et nageait tous les jours, et même pendant les nuits sans lune, il s'entraînait pour améliorer sa vitesse et sa force.

Il décida d'organiser une course contre ses amis grenouilles. Après plusieurs mois d'entraînement intensif, Gustave était enfin prêt, mais il savait qu'il pouvait faire mieux.

Gustave a décidé de se mesurer à d'autres animaux de la forêt pour se tester. La première épreuve était une course de vitesse contre un lièvre.
Il questionna le lièvre après son exceptionnelle performance :
« - Monsieur Lièvre, je vous ai vu courir très vite. Avez-vous des conseils pour améliorer ma vitesse de saut ?

Le lièvre flatté lui répondit : « - Vous savez que les grenouilles sont connues pour leurs capacités de saut naturelles. Cependant, pour travailler votre vitesse de saut, vous devez vous entraîner souvent. Mon conseil est de sauter des séries de haies pour développer cette compétence. »

- Merci pour vos conseils, monsieur Lièvre » répondit la grenouille. « Je vais essayer de m'y mettre ».

Il affronta plus déterminé que jamais, la sauterelle sur une course de saut en hauteur.
Gustave ébahi lança à la sauterelle : « - Madame Sauterelle, je suis tellement admiratif de vos performances. Comment faites-vous pour vous préparer à une compétition de saut en hauteur ?

La sauterelle, reconnaissante, lui expliqua : « - Je vous remercie pour vos gentils mots Gustave. Je m'entraîne beaucoup et je me concentre particulièrement sur le maintien de ma condition physique. Aussi je m'efforce de sauter régulièrement et mes pattes musclées permettent à mon corps plus léger de bondir et de détenir ce record en saut unique au monde. ! »

Gustave apprend de chaque expérience. De plus en plus confiant, il se lance dans sa dernière épreuve : une course de natation contre un poisson.

À bout de souffle et épaté, Gustave interroge le poisson :
- « Comment avez-vous appris à nager à une telle vitesse ?

Le poisson bienveillant l'éclaira : « - En vérité, j'ai simplement mes nageoires qui me permettent d'aller plus vite dans l'eau, alors c'est plus facile pour moi que pour vous. Cependant, si vous voulez travailler votre technique, vous pouvez essayer d'imiter des nageurs professionnels pour vous entraîner. »

Gustave n'a pas gagné ces épreuves, mais il s'est amélioré et a appris de chaque expérience.
Il a décidé d'organiser sa propre compétition sportive pour tous les animaux de la forêt. C'était un grand succès, et de nombreux animaux ont été ravis de participer à ces compétitions hors norme.

Bien que Gustave n'ait jamais participé aux véritables championnats du monde, il a réalisé son rêve d'être un athlète et d'inspirer les autres avec son potentiel et sa ténacité.

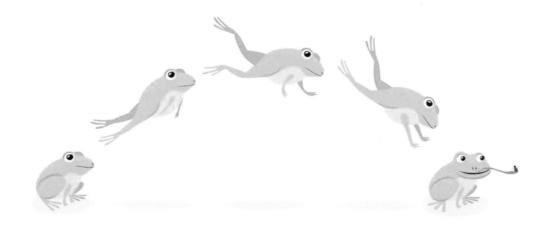

Une grenouille athlétique

Une petite grenouille nommée Gustave avait un grand
rêve: devenir un sportif de haut niveau. Depuis son plus jeune âge, il admirait les athlètes de toutes les disciplines.

Il savait que les grenouilles n'étaient pas autorisées à concourir aux championnats du monde, mais cela n'a pas empêché Gustave de s'entraîner dur et de se préparer pour sa propre compétition. Il sautait et nageait tous les jours, et même pendant les nuits sans lune, il s'entraînait pour améliorer sa vitesse et sa force.

Il décida d'organiser une course contre ses amis grenouilles.
Après plusieurs mois d'entraînement intensif, Gustave était enfin prêt, mais il savait qu'il pouvait faire mieux.

Gustave a décidé de se mesurer à d'autres animaux de la forêt pour se tester.
La première épreuve était une course de vitesse contre un lièvre.

Il questionna le lièvre après son exceptionnelle performance :
« - Monsieur Lièvre, je vous ai vu courir très vite. Avez-vous des conseils pour améliorer ma vitesse de saut ?

Le lièvre flatté lui répondit :
« - Vous savez que les grenouilles sont connues pour leurs capacités de saut naturelles. Cependant, pour travailler votre vitesse de saut, vous devez vous entraîner souvent. Mon conseil est de sauter des séries de haies pour développer cette compétence. »

- Merci pour vos conseils, monsieur Lièvre » répondit la grenouille. « Je vais essayer de m'y mettre ».

Il affronta plus déterminé que jamais, la sauterelle sur une course de saut en hauteur.

Gustave ébahi lança à la sauterelle :
« - Madame Sauterelle, je suis tellement admiratif de vos performances. Comment faites-vous pour vous préparer à une compétition de saut en hauteur ?

La sauterelle, reconnaissante, lui expliqua :
« - Je vous remercie pour vos gentils mots Gustave. Je m'entraîne beaucoup et je me concentre particulièrement sur le maintien de ma condition physique. Aussi je m'efforce de sauter régulièrement et mes pattes musclées permettent à mon corps plus léger de bondir et de détenir ce record en saut unique au monde. ! »

Gustave apprend de chaque expérience. De plus en plus confiant, il se lance dans sa dernière épreuve : une course de natation contre un poisson.

À bout de souffle et épaté, Gustave interroge le poisson :

- « Comment avez-vous appris à nager à une telle vitesse ?

Le poisson bienveillant l'éclaira :

« - En vérité, j'ai simplement mes nageoires qui me permettent d'aller plus vite dans l'eau, alors c'est plus facile pour moi que pour vous. Cependant, si vous voulez travailler votre technique, vous pouvez essayer d'imiter des nageurs professionnels pour vous entraîner. »

Gustave n'a pas gagné ces épreuves, mais il s'est amélioré et a appris de chaque expérience.
Il a décidé d'organiser sa propre compétition sportive pour tous les animaux de la forêt. C'était un grand succès, et de nombreux animaux ont été ravis de participer à ces compétitions hors norme.

Bien que Gustave n'ait jamais participé aux véritables championnats du monde, il a réalisé son rêve d'être un athlète et d'inspirer les autres avec son potentiel et sa ténacité.

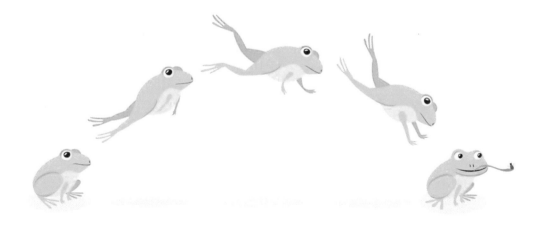

Une grenouille athlétique: questionnaire

1) Quels sont les personnages de l'histoire ?

☐ une grenouille   ☐ une abeille   ☐ un poisson
☐ un lapin   ☐ une sauterelle   ☐ un lièvre

2) Quel est le rêve de Gustave ?

☐ Gustave souhaite devenir un grand sportif.
☐ Gustave rêve de faire le tour du monde.
☐ Gustave aimerait être un pâtissier.

3) Relis chaque animal à son épreuve sportive.

Le lièvre   ●   ● saut en hauteur
La sauterelle   ●   ● natation
Le poisson   ●   ● course de vitesse

4) Colorie les émotions ressenties par la grenouille ?

Il est épaté.	Il est jaloux.	Il est bienveillant.
Il est triste.	Il est flatté.	Il est admiratif.

5) Remets les mots dans l'ordre.

_____

| organise | dans | la | une | compétition | forêt. | Gustave |

Une grenouille athlétique: questionnaire

1) Qui sont les personnages de l'histoire ?

_____

_____

2) Quel est le rêve de Gustave ?

_____

_____

3) Relis chaque animal à son épreuve sportive.

Le lièvre   ●   ● saut en hauteur

La sauterelle   ●   ● natation

Le poisson   ●   ● course de vitesse

4) Surligne dans le texte <u>les émotions ressenties</u> par la grenouille ?

5) Quel conseil donne le poisson pour que Gustave améliore sa technique ?

_____

_____

6) La sauterelle peut sauter jusqu'à 300 fois sa taille. Quels sont ses particularités physiques qui lui permettent cette capacité hors norme ?

_____

_____

7) Gustave perd ses épreuves sportives et ne participera jamais aux championnats du monde. Que peut-on retenir comme leçons positives ?

_____

_____

_____

Amadou

Il était une fois un jeune Africain nommé Amadou. Il résidait dans un petit village en Ethiopie, dans une famille de pauvres paysans.

Malgré ses conditions difficiles, Amadou avait un talent inné pour la course à pied et aimait passer son temps à s'entraîner dans la brousse de son village et à parcourir de longues distances, pieds nus.

Un jour, un entraîneur étranger est passé par sa région et a remarqué son talent. Il a dit à Amadou qu'il avait beaucoup de potentiel et a proposé de l'aider à devenir un grand champion.

Le parcours pour les championnats du monde était long et difficile. Amadou a dû beaucoup travailler pour être à la hauteur de la compétition. En effet, il s'est entraîné durement pour être sélectionné parmi les meilleurs de son pays. Il a rencontré les autres athlètes internationaux et a été très impressionné par leur niveau.

Le jour de la course, Amadou s'est préparé intensément et est monté sur la ligne de départ avec confiance. Il souhaitait courir pieds nus, comme à son habitude. La course a commencé et Amadou a immédiatement eu une forte concurrence. Il a commencé à courir plus vite que jamais et a réussi à dépasser tous ses adversaires un par un.

La ligne d'arrivée était en vue. Amadou et un autre athlète étaient tous les deux en tête de la course. Le public retenait son souffle alors que les deux coureurs se disputaient la première place. Finalement, Amadou s'est surpassé et a franchi la ligne d'arrivée en premier.

Des larmes ont coulé sur le visage de l'Ethiopien et une fierté immense l'a envahie quand il a réalisé qu'il avait remporté la médaille d'or pour son pays.

Les médias du monde entier ont couvert sa victoire et ont salué son parcours. Le rêve d'Amadou s'était transformé en un grand succès et avait inspiré des personnes du monde entier !

Amadou

Il était une fois un jeune Africain nommé Amadou. Il résidait dans un petit village en Ethiopie, dans une famille de pauvres paysans.

Malgré ses conditions difficiles, Amadou avait un talent inné pour la course à pied et aimait passer son temps à s'entraîner dans la brousse de son village et à parcourir de longues distances, pieds nus.
Un jour, un entraîneur étranger est passé par sa région et a remarqué son talent. Il a dit à Amadou qu'il avait beaucoup de potentiel et a proposé de l'aider à devenir un grand champion.

Le parcours pour les championnats du monde était long et difficile. Amadou a dû beaucoup travailler pour être à la hauteur de la compétition. En effet, il s'est entraîné durement pour être sélectionné parmi les meilleurs de son pays.
Il a rencontré les autres athlètes internationaux et a été très impressionné par leur niveau.

Le jour de la course, Amadou s'est préparé intensément et est monté sur la ligne de départ avec confiance. Il souhaitait courir pieds nus, comme à son habitude.

La course a commencé et Amadou a immédiatement eu une forte concurrence. Il a commencé à courir plus vite que jamais et a réussi à dépasser tous ses adversaires un par un.

La ligne d'arrivée était en vue. Amadou et un autre athlète étaient tous les deux en tête de la course. Le public retenait son souffle alors que les deux coureurs se disputaient la première place.

Finalement, Amadou s'est surpassé et a franchi la ligne d'arrivée en premier.

Des larmes ont coulé sur le visage de l'Ethiopien et une fierté immense l'a envahie quand il a réalisé qu'il avait remporté la médaille d'or pour son pays.

Les médias du monde entier ont couvert sa victoire et ont salué son parcours. Le rêve d'Amadou s'était transformé en un grand succès et avait inspiré des personnes du monde entier !

Amadou : questionnaire

1) De quel pays est originaire Amadou ?

☐ du Pakistan   ☐ d'Ethiopie   ☐ du Mali

2) Quels talents avait Amadou ?

☐ Amadou adorait et pratiquait la course à pied.
☐ Amadou était un excellent paysan.
☐ Amadou était capable de parcourir de longues distances pieds nus.

3) Coche V lorsque l'affirmation est vraie et F lorsqu'elle est fausse.

	F	V
Amadou a été remarqué par un entraineur Ethiopien.		
Amadou a été remarqué par un entraineur étranger.		
Amadou a dû beaucoup travailler pour être à la hauteur de la compétition.		
Amadou vivait dans une famille de paysans.		
Il a réussi sa sélection aux championnats du monde.		
Il a gagné une médaille d'or.		
Amadou s'est blessé durant sa course.		

4) Colorie les émotions ressenties par l'athlète éthiopien.

Il est heureux.	Il est jaloux.	Il est fier.
Il est triste.	Il est ému.	Il est inquiet.

5) Fabrique 5 mots avec ces syllabes.

1. _____
2. _____
3. _____
4. _____
5. _____

rê   part

ta   reur

ve   cou   se

lent   dé

cour

Amadou : questionnaire

1) De quel pays et de quel continent est originaire Amadou ?

_____

_____

2) Quels talents avait Amadou ?

_____

_____

3) Coche V lorsque l'affirmation est vraie et F lorsqu'elle est fausse.

	F	V
Amadou a été remarqué par un entraineur Ethiopien.		
Amadou a été remarqué par un entraineur étranger.		
Amadou a dû beaucoup travailler pour être à la hauteur de la compétition.		
Amadou vivait dans une famille de paysans.		
Il a réussi sa sélection aux championnats du monde.		
Il a gagné une médaille d'or.		
Amadou s'est blessé durant sa course.		

4) Colorie les émotions ressenties par l'athlète éthiopien.

Il est heureux.	Il est jaloux.	Il est fier.
Il est triste.	Il est ému.	Il est inquiet.

5) Fabrique 5 mots avec ces syllabes.

1. _____

2. _____

3. _____

4. _____

5. _____

ad   part

ta   daille

se

saire   mé

lent   dé

cour   ver

Un nageur extraordinaire

Il était une fois un jeune garçon nommé Alex. Depuis sa naissance, Alex était né avec un handicap qui limitait l'utilisation de ses jambes. Malgré cela, il était passionné par le sport.

Alex s'entraînait tous les jours, en utilisant principalement ses bras pour se déplacer. Il avait une détermination sans faille et ne laissait jamais son handicap le décourager. Ses parents et ses amis étaient toujours là pour le soutenir et l'encourager. Il adorait pratiquer le tennis, le basketball, le tir à l'arc, …. mais le sport où il excellait le plus était la natation.

Un jour, Alex a entendu parler d'une compétition pour les sportifs porteur de handicaps. Cela a été une révélation pour lui. Il savait qu'il avait enfin une chance de réaliser son rêve.

Alex s'est inscrit aux épreuves de natation. Il a travaillé dur avec son entraîneur pour améliorer sa technique et sa force dans l'eau. Il a également utilisé une chaise roulante spéciale pour s'entraîner à la vitesse et à l'endurance.

Le jour de la compétition est enfin arrivé. Alex était excité et nerveux à la fois. Il savait qu'il allait affronter les meilleurs nageurs handicapés du monde, mais il était prêt à relever le défi.

Lorsque la compétition a commencé, Alex s'est élancé dans l'eau avec détermination. Il a utilisé ses bras puissants pour se propulser à travers la piscine, battant ses propres records personnels à chaque tour.

Le public était en admiration devant la force et la persévérance d'Alex. Ils l'ont encouragé tout au long de la course, lui donnant une énergie supplémentaire pour continuer à nager plus vite.

Finalement, Alex a franchi la ligne d'arrivée, épuisé mais incroyablement fier de lui-même. Il avait réalisé son rêve et avait même remporté une médaille pour sa performance exceptionnelle.

Depuis ce jour, Alex est devenu une véritable source d'inspiration pour les personnes handicapées. Il a montré au monde entier que rien n'est impossible 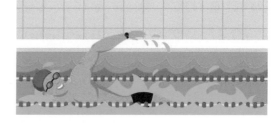 lorsqu'on poursuit ses rêves avec passion. Son histoire rappelle à tous que peu importe les obstacles auxquels nous sommes confrontés, avec de la détermination et du travail, nous pouvons accomplir de grandes choses.

Un nageur extraordinaire

Il était une fois un jeune garçon nommé Alex. Depuis sa naissance, Alex était né avec un handicap qui limitait l'utilisation de ses jambes. Malgré cela, il était passionné par le sport.

Alex s'entraînait tous les jours, en utilisant principalement ses bras pour se déplacer. Il avait une détermination sans faille et ne laissait jamais son handicap le décourager. Ses parents et ses amis étaient toujours là pour le soutenir et l'encourager. Il adorait pratiquer le tennis, le basketball, le tir à l'arc, ... mais le sport où il excellait le plus était la natation.

Un jour, Alex a entendu parler d'une compétition pour les sportifs porteur de handicaps. Cela a été une révélation pour lui. Il savait qu'il avait enfin une chance de réaliser son rêve.

Le jeune homme s'est inscrit aux épreuves de natation. Il a travaillé dur avec son entraîneur pour améliorer sa technique et sa force dans l'eau. Il a également utilisé une chaise roulante spéciale pour s'entraîner à la vitesse et à l'endurance.
Le jour de la compétition est enfin arrivé. Alex était excité et nerveux à la fois. Il savait qu'il allait affronter les meilleurs nageurs handicapés du monde, mais il était prêt à relever le défi.

Lorsque la compétition a commencé, Alex s'est élancé dans l'eau avec détermination. Il a utilisé ses bras puissants pour se propulser à travers la piscine, battant ses propres records personnels à chaque tour.

Le public était en admiration devant la force et la persévérance d'Alex.

Ils l'ont encouragé tout au long de la course, lui donnant une énergie supplémentaire pour continuer à nager plus vite.

Finalement, Alex a franchi la ligne d'arrivée, épuisé mais incroyablement fier de lui-même. Il avait réalisé son rêve et avait même remporté une médaille pour sa performance exceptionnelle.

Depuis ce jour, Alex est devenu une véritable source d'inspiration pour les personnes handicapées. Il a montré au monde entier que rien n'est impossible lorsqu'on poursuit ses rêves avec passion.

Son histoire rappelle à tous que peu importe les obstacles auxquels nous sommes confrontés, avec de la détermination et du travail, nous pouvons accomplir de grandes choses.

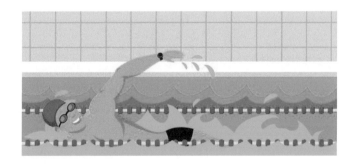

Un nageur extraordinaire : questionnaire

1) Quel est le handicap d'Alex ?

☐ Il est aveugle.   ☐ Il est sourd.   ☐ Il ne peut pas utiliser ses jambes.

2) Dans quel sport Alex est-il le plus doué ?

☐ la natation   ☐ le basketball   ☐ le tir à l'arc

3) Avec son entraîneur, Alex améliore :

☐ sa technique   ☐ sa vitesse
☐ sa souplesse   ☐ son plongeon
☐ sa force dans l'eau   ☐ l'endurance

5) Comment se sent Alex avant l'épreuve ?

☐ stressé et fatigué   ☐ excité et nerveux   ☐ fier et excité

6) Sépare les mots à l'aide d'un trait et recopie la phrase.

Depuiscejour,Alexestdevenuunevéritablesourced'inspiration
pourlespersonneshandicapées.

_____

_____

_____

7) Barre les mots pirates et corrige-les.

Il était une fois un jeune homme nommé Alex. Depuis sa naissance, Axel était

_____

né avec un handicap qui limitait l'utilisation de ses bras. Malgré cela, il était

_____

passionné par le vélo.

_____

Un nageur extraordinaire : questionnaire

1) Quel est le handicap d'Alex ?

_____

_____

2) Dans quel sport Alex est-il le plus doué ?

_____

3) Quelles performances Alex améliore-t-il lors de ses entrainements ?

_____

_____

_____

_____

5) Comment se sent Alex avant l'épreuve ?

_____

_____

6) Sépare les mots à l'aide d'un trait et recopie la phrase.
Depuiscejour,Alexestdevenuunevéritablesourced'inspirationpourles
personneshandicapées.

_____

_____

7) Barre les mots pirates et corrige-les.

Il était une fois un jeune homme nommé Alex. Depuis sa naissance, Axel était

_____

né avec une maladie qui limitait l'utilisation de ses bras. Malgré cela, il était

_____

passionné par le vélo.

_____

1, 2, 3... ramons !

C'est les vacances d'été. Estelle et son grand frère Antoine sont partis en vacances chez leurs grands-parents.

La première semaine, ils ont eu la chance d'assister à une épreuve d'aviron. Les enfants se sont rendus avec leurs grands-parents sur l'île de loisirs qui accueille les épreuves d'aviron et de canoë-kayak.

Installés dans les gradins, la course commence. Estelle s'exclame :
« - C'est impressionnant de voir autant de bateaux sur l'eau en même temps ! »
« - Oui, répondit Antoine, j'ai l'impression que leurs rames bougent super vite. J'aimerais bien être capable de ramer comme ça. »
« - Moi aussi, ajouta la petite fille. Tu sais combien de temps ils ont dû s'entraîner pour arriver à ça ? »
« - Je ne sais pas exactement, mais ça a dû être beaucoup, comme des milliers d'heures. » rétorqua son grand frère.

Estelle époustouflée commenta :
« - Ce que je trouve plus impressionnant encore, c'est que personne ne se heurte ou ne rentre en collision avec les autres. »
« - C'est vrai, dit Antoine, ils sont tous des maîtres de l'aviron et de la coordination ! »
Estelle se leva et s'écria :
« - Eh regardez ! On dirait que l'équipe de la France est en train de prendre le dessus sur les autres. Allez les Bleus !
« - Ils font vraiment un travail incroyable ! » s'exclama leur grand-père.
« - Et regarde comme les autres bateaux essaient de les rattraper ! » surenchérit la petite fille.
Sous les encouragements des spectateurs, l'équipe de France se hisse à la première place du podium et rajoute une 9ème médaille d'or à son palmarès.

1, 2, 3... ramons !

C'est les vacances d'été. Estelle et son grand frère Antoine sont partis en vacances chez leurs grands-parents.

La première semaine, ils ont eu la chance d'assister à une épreuve d'aviron. Les enfants se sont rendus avec leurs grands-parents sur l'île de loisirs qui accueille les épreuves d'aviron et de canoë-kayak.

Installés dans les gradins, la course commence. Estelle s'exclame :
« - C'est impressionnant de voir autant de bateaux sur l'eau en même temps ! »

« - Oui, répondit Antoine, j'ai l'impression que leurs rames bougent super vite. J'aimerais bien être capable de ramer comme ça. »

« - Moi aussi, ajouta la petite fille. Tu sais combien de temps ils ont dû s'entraîner pour arriver à ça ? »

« - Je ne sais pas exactement, mais ça a dû être beaucoup, comme des milliers d'heures. » rétorqua son grand frère.

Estelle époustouflée commenta :
« - Ce que je trouve plus impressionnant encore, c'est que personne ne se heurte ou ne rentre en collision avec les autres. »

« - C'est vrai, dit Antoine, ils sont tous des maîtres de l'aviron et de la coordination ! »

Estelle se leva et s'écria :

« - Eh regardez ! On dirait que l'équipe de la France est en train de prendre le dessus sur les autres. Allez les Bleus !

« - Ils font vraiment un travail incroyable ! » s'exclama leur grand-père.

« - Et regarde comme les autres bateaux essaient de les rattraper ! » surenchérit la petite fille.

Sous les encouragements des spectateurs, l'équipe de France se hisse à la première place du podium et rajoute une 9ème médaille d'or à son palmarès.

1, 2, 3... ramons ! : questionnaire

1) Antoine et Estelle sont accompagnés par :

☐ leurs parents   ☐ leurs grands-parents   ☐ leurs amis

2) A quelle épreuve sportive ont-ils assisté ?

☐ canoë-kayak   ☐ cyclisme   ☐ aviron

3) Relis chaque parole au bon personnage.

« J'aimerais bien être capable de ramer comme ça. »	■
« Allez les Bleus ! »	■
« Ils font vraiment un travail incroyable ! »	■
« Et regarde comme les autres bateaux essaient de les rattraper ! »	■
« J'ai l'impression que leurs rames bougent super vite. »	■

■ Estelle

■ Antoine

■ le grand-père

4) Colorie les affirmations qui sont vraies.

Les personnages sont installés dans les gradins.
Estelle discute avec son petit frère Antoine.
Estelle est époustouflée car les bateaux ne rentrent pas en collision.
Deux bateaux rentrent en collision.
La grand-mère des enfants est absente.
La France arrive à la deuxième place.
La France rajoute une 9ème médaille d'or à son palmarès.

5) Lire et comprendre

Colorie le bateau en jaune.
Colorie la casquette en rouge.
Les rames sont de couleur marron.
Dessine 5 vagues en bleu.

1, 2, 3... ramons ! : questionnaire

1) Qui sont les personnages de l'histoire ?

_____

_____

2) A quelle épreuve sportive ont-ils assisté ?

_____

_____

3) Ecris le nom du personnage qui parle.

« J'aimerais bien être capable de ramer comme ça. » _____

« Allez les Bleus ! » _____

« Ils font vraiment un travail incroyable ! » _____

« ...les autres bateaux essaient de les rattraper ! » _____

« J'ai l'impression que leurs rames bougent super vite. » _____

4) Coche V lorsque les affirmations sont vraies et F si elles sont fausses.

	F	V
Les personnages sont installés dans les gradins.		
Estelle discute avec son petit frère Antoine.		
Estelle est époustouflée car les bateaux ne rentrent pas en collision.		
Deux bateaux rentrent en collision.		
La grand-mère des enfants est absente.		
La France arrive à la deuxième place.		
La France rajoute une 9ème médaille d'or à son palmarès.		

5) Lire et comprendre

Dessine un drapeau français accroché à l'avant du bateau.
Colorie le bateau en jaune.
Colorie la casquette en rouge.
La rame de devant est marron et celle
du rameur arrière est orange.

Des défis sportifs

Enigmes et mots mêlés.

Enigmes

Lis et trouve de quel sport il s'agit.

Je suis un sport dans lequel les athlètes utilisent des arcs et des flèches.	Je suis un sport où les athlètes combattent en utilisant leurs poings.
Mon sport consiste à frapper un volant avec des raquettes. Il faut marquer des points en le lançant dans le terrain adverse.	Je suis un sport dans lequel on doit grimper sur une paroi verticale avec des prises.
Mon sport est un jeu d'équipe qui se joue avec un ballon. Les joueurs doivent non seulement courir avec le ballon, mais aussi le lancer, le frapper avec leur main ou leur pied.	Dans ce sport, les athlètes courent, nagent et font du vélo.
Je suis un sport de course sur glace qui se pratique en équipe de deux. L'un des membres de chaque équipe pousse le partenaire afin qu'il atteigne une vitesse élevée, puis le second prend le relais et continue la course.	Dans ce sport, les athlètes doivent sauter par-dessus une barre horizontale placée à une hauteur de plus en plus élevée.
Je suis un sport collectif qui se joue avec un ballon ovale. Le but du jeu est de marquer des essais en déposant la balle dans le camp adverse.	Quel sport voit des athlètes s'affronter sur un parcours de ski de fond, puis sur une épreuve de tir à la carabine ?

Etiquettes à découper et à coller dans le cahier.
Deux propositions de différenciations sur la page suivante.

<u>Aide 1 :</u> Associer les énigmes aux réponses écrites

le tir à l'arc	le rugby	le handball	l'escalade
le patinage de vitesse	le saut en hauteur	le biathlon	le badminton
le triathlon	la boxe		

<u>Aide 2 :</u> Associer les énigmes aux réponses écrites accompagnées d'une illustration.

le tir à l'arc	le handball
le patinage de vitesse	le biathlon
le triathlon	le saut en hauteur
le rugby	l'escalade
la boxe	le badminton

Mots Mêles : l'Escrime

A	C	C	E	L	E	R	A	T	I	O	N	G	X
M	U	S	P	C	C	U	I	R	A	S	S	E	C
I	M	M	P	E	D	P	S	D	W	R	F	P	M
D	F	E	H	H	L	I	L	C	Z	L	W	O	L
P	H	H	B	L	G	R	E	H	U	X	Y	L	F
M	I	X	P	G	A	N	T	R	E	L	T	Z	T
W	M	C	J	D	Z	E	K	A	U	K	O	F	N
Z	M	I	V	M	N	Y	O	G	E	P	E	E	B
L	K	A	M	X	X	R	D	B	E	C	E	H	K
A	T	T	A	Q	U	E	E	T	G	Y	D	A	J
Y	M	A	S	Q	U	E	F	L	E	U	R	E	T
W	Q	G	M	B	H	O	S	A	B	R	E	G	M
J	H	N	J	F	E	S	C	R	I	M	E	B	V
F	H	C	Q	X	I	C	Y	J	B	M	O	W	O

Cherche les mots suivants

ACCELERATION   ESCRIME   MASQUE

ATTAQUE   FLEURET   EPEE

CUIRASSE   GANT   SABRE

Mots Mêlés : l'Athlétisme

Cherche les mots suivants

COURSE	MARATHON
DISQUE	PERCHE
HAIES	POIDS
JAVELOT	LANCER
SAUT	SPRINT

R	Q	H	K	Y	F	D	I	S	Q	U	E	L	K
J	W	N	U	E	Q	W	M	F	X	M	V	K	P
P	O	Y	Y	W	G	O	M	J	U	D	S	T	G
U	R	N	C	V	D	V	U	P	E	R	C	H	E
T	P	O	I	D	S	E	Y	Y	R	U	Q	O	W
M	U	S	A	U	T	Y	S	C	L	R	Y	Q	S
T	J	A	V	E	L	O	T	S	S	B	V	P	F
R	T	G	E	M	J	M	A	R	A	T	H	O	N
C	S	P	R	I	N	T	L	G	X	A	F	J	N
I	A	Y	H	A	I	E	S	L	A	N	C	E	R
Y	C	O	U	R	S	E	W	U	E	V	W	F	O
B	R	O	G	M	Y	L	H	L	X	Q	E	Q	X
S	G	E	M	Y	K	X	O	D	V	K	Q	G	Z
V	H	V	L	G	H	U	M	B	C	V	A	G	E

Mots Mêles : Natation

Cherche les mots suivants

BONNET	PLONGEON
BRASSE	PISCINE
CRAWL	PAPILLON
FLOTTAISON	NAGE
LUNETTES	MAILLOT

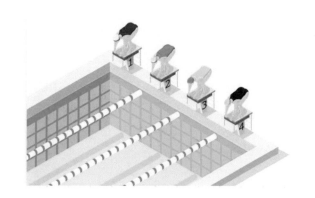

I	A	G	J	E	X	Z	T	B	C	M	K	B	R
K	E	J	E	N	J	R	L	H	H	D	K	F	K
N	A	G	E	Y	Y	P	B	C	R	A	W	L	G
E	R	E	A	F	L	O	T	T	A	I	S	O	N
M	A	I	L	L	O	T	J	W	H	Z	W	L	P
P	A	P	I	L	L	O	N	Q	V	N	R	N	J
D	D	X	O	R	H	G	C	C	F	K	Z	P	Z
B	O	N	N	E	T	V	B	S	R	N	H	B	F
X	B	Y	O	U	L	U	N	E	T	T	E	S	Y
K	G	M	N	L	Z	X	P	Q	W	Z	Y	E	P
C	W	K	O	H	A	P	L	O	N	G	E	O	N
U	B	R	A	S	S	E	G	C	P	H	Q	J	Q
G	C	M	K	D	W	A	L	I	L	A	O	Q	U
H	H	R	P	I	S	C	I	N	E	O	J	C	P

Mots Mêles : Gymnastique

Cherche les mots suivants

GYMNASTE   EQUILIBRE

POUTRE   SALTO

SAUT   RUBAN

JUSTAUCORPS   PLINTH

MAGNESIE   TREMPLIN

E	Q	U	I	L	I	B	R	E	O	W	K	Y	Z
T	H	S	A	U	T	C	E	M	A	K	N	F	R
M	M	G	X	I	S	W	P	L	I	N	T	H	M
R	J	U	S	T	A	U	C	O	R	P	S	S	N
P	O	U	T	R	E	T	L	S	A	L	T	O	X
H	L	F	D	U	V	P	N	G	W	D	H	B	T
Z	U	R	U	B	A	N	R	M	I	L	L	F	H
J	E	H	I	T	R	E	M	P	L	I	N	H	E
P	A	S	F	U	J	R	P	T	Q	J	A	J	K
A	D	N	A	Y	S	I	Y	F	D	B	C	W	M
P	Y	K	G	P	Y	W	U	L	Y	P	G	M	D
J	G	Y	M	N	A	S	T	E	W	B	E	D	R
X	D	C	I	U	R	I	F	N	V	G	A	H	V
L	M	A	G	N	E	S	I	E	Y	B	B	I	J

Cherche et trouve

Colorie uniquement les sports qui se pratiquent avec une balle ou un ballon.

tennis	saut en longueur	judo	rugby	biathlon
course	natation	aviron	cyclisme	water-polo
karaté	tennis de table	volleyball	golf	hockey
kayak	escalade	badminton	marathon	basketball
escrime	triathlon	handball	danse	équitation
football	saut en hauteur	gymnastique	javelot	baseball

Colorie uniquement les sports aquatiques ou nautiques.

escrime	canoë-kayak	surf	saut en longueur	voile
aviron	football	rugby	cyclisme	équitation
water-polo	judo	volleyball	natation synchronisée	golf
kayak	course	biathlon	handball	karaté
natation	triathlon	ski nautique	danse	basketball
tennis	saut en hauteur	hockey	planche à voile	plongeon

Charades

Mon 1er est la 19ème lettre de l'alphabet.
Mon second sort de notre bouche lorsque l'on a peur.
Mon 3ème est le bruit de la vache.
Mon tout est un sport de combat.

Je suis : _____

Mon 1er est une petite étendue d'eau.
Mon second est la 1ère lettre de l'alphabet.
Mon 3ème est un petit poisson.
Mon tout est une course longue.

Je suis : _____

Mon 1er est une petite tresse.
Mon second est la 1ère lettre de l'alphabet.
Mon 3ème est un outil pour couper le bois.
Mon 4ème est une des 3èmes personnes du singulier
Mon tout est un sport aquatique.

Je suis : _____

Mon 1er est la 20ème lettre de l'alphabet.
Mon second est l'abri de l'oiseau.
Mon 3ème est le bruit du serpent.
Mon tout est un sport de raquette.

Je suis : _____

Mon 1er est une boisson.
Mon second est derrière toi.
Mon 3ème est la 11ème lettre de l'alphabet.
Mon tout porte un kimono.

Je suis : _____

Mon 1er est un poisson très plat.
Mon second est le bruit du serpent.
Mon 3ème est l'absence de guerre ou de conflit.
Mon tout est une valeur importante.

Je suis : _____

Printed in France by Amazon
Brétigny-sur-Orge, FR

13019543R00027